Jonathan Welton

Die Schule der Seher

Studienheft

GloryWorld-Medien

3. Auflage 2021

Originally published in English under the title „The School of the Seers – Expanded Edition“ by Destiny Image, 167 Walnut Bottom Rd., Shippensburg PA 17257-0310, USA.

Bibelzitate sind, falls nicht anders gekennzeichnet, der Elberfelder Bibel, Revidierte Fassung von 1985, entnommen.

Weitere Bibelübersetzungen:
LUT: Lutherbibel, Revidierte Fassung von 1984
NGÜ: Neue Genfer Übersetzung, 2009
SLT: Schlachter 2000
HFA: Hoffnung für alle, Basel und Gießen, 1983
REÜ: Einheitsübersetzung in neuer Rechtschreibung, 2004

Das Buch folgt den Regeln der Deutschen Rechtschreibreform. Die Bibelzitate wurden diesen Rechtschreibregeln angepasst.

Übersetzung: Regina Frohms
Lektorat: Thilo Niepel / Manfred Mayer
Satz: Manfred Mayer
Umschlaggestaltung: Kerstin & Karl Gerd Striepecke, www.vision-c.de
Foto: fotolia
Druck: arkadruk.pl

Printed in the EU

ISBN: 978-3-936322-86-6

Bestellnummer: 359286

Erhältlich beim Verlag:

GloryWorld-Medien
Beit-Sahour-Str. 4
D-46509 Xanten
Tel.: 02801-9854003
Fax: 02801-9854004
www.gloryworld.de

oder in jeder Buchhandlung

INHALT

Zu diesem Heft

Das Studienheft will Ihnen darin behilflich sein, im Glauben zu wachsen und das Wissen anzuwenden, das Sie beim Lesen und durch die Aktivierungsübungen gewonnen haben.

Wir ermutigen Sie, eine kleine Gruppe mit gleichgesinnten Freunden zu bilden und sich zusammen Zeit zu nehmen, die Lektionen durchzuarbeiten.

Nehmen Sie dazu neben diesem Buch eine Bibel, einen Stift und ein Notizbuch zur Hand. Lesen Sie die Kapitel; nehmen Sie sich unbedingt die Zeit, die Aktivierungsübungen umzusetzen, und schreiben Sie Ihre Erfahrungen in Ihr Notizbauch.

Arbeiten Sie die Fragen zu den jeweiligen Kapiteln durch und kommen Sie vorbereitet als Gruppe zusammen, mit der Bereitschaft, einander zu ermutigen! Spornen Sie sich gegenseitig an, die Übungen wirklich durchzuarbeiten, um sich das Gelesene im Gedächtnis einzuprägen!

Als zusätzliche Hilfe finden Sie unter **www.Jonwelton.com/SOTS** Videos (in Englisch), in denen der Autor über die einzelnen Themen lehrt.

Studienmaterial zu den einzelnen Kapiteln des Buches

Einführung

Lehrpunkte

- Eine biblische Grundlage für den Leib Christi legen, das zu erfahren, was der namenlose Diener erfuhr.
- Übernatürliche Fälschungen
- Überblick über das Buch

Bibelverse des Kapitels

(in der Reihenfolge, wie sie im Kapitel erscheinen)

- 1. Könige 19,19-21
- 2. Könige 2,12-14
- 2. Könige 4,12a
- 2. Könige 5,20-27
- 2. Könige 6,15-17

Den Schalter umlegen

Eine fortwährend wachsende und beständige Beziehung mit dem Herrn ist viel wichtiger als eine Erfahrung, und ich möchte Sie davor warnen, die Inhalte des Buches anzuwenden und anzupacken, wenn Ihr Leben keine intensive Leidenschaft und kein Verlangen nach Gott, seiner Gerechtigkeit und seiner Gegenwart aufweist. Außerdem sollte durch Ihr Leben die Wirklichkeit von 1. Korinther 13,2 zum Ausdruck kommen, worin Paulus feststellt, dass wir nichts sind, wenn wir keine Liebe haben. Darüber hinaus werden Sie in dieser Lehreinheit lernen, dass wir unseren Glauben *aktivieren* müssen. Glaube wird durch Liebe wirksam, wobei Gott die Liebe ist. Wenn Sie in einer innigen und persönlichen Beziehung mit Gott leben, werden Sie hören und sehen, was der Vater tut, und mit ihm zusammenarbeiten.

Herausforderung

Bitte lesen Sie die folgenden sechs Bibelverse. Finden Sie einen Bezug dazu?

> [Der Prophet Jeremia] „*Kamen Worte von dir, so verschlang ich sie; dein Wort war mir Glück und Herzensfreude; denn dein Name ist über mir ausgerufen, Herr, Gott der Heere*" (Jer 15,16 REÜ).
>
> [Ein Psalm von David, als er in der Wüste Juda war] „*Gott, mein Gott bist du; nach dir suche ich. Es dürstet nach dir meine Seele, nach dir schmachtet mein Fleisch in einem dürren und erschöpften Land ohne Wasser*" (Ps 63,1-2).
>
> [Markus über Jesus] „*Und frühmorgens, als es noch sehr dunkel war, stand er auf und ging hinaus und ging fort an einen einsamen Ort und betete dort*" (Mk 1,35).
>
> [Paulus an die Philipper] „*Ja wirklich, ich halte auch alles für Verlust um der unübertrefflichen Größe der Erkenntnis Christi Jesu, meines Herrn, willen, um dessentwillen ich alles eingebüßt habe und es für Dreck halte, damit ich Christus gewinne*" (Phil 3,8).
>
> *Auch füllt man nicht neuen Wein in alte Schläuche; sonst zerreißen die Schläuche, und der Wein wird verschüttet, und die Schläuche verderben; sondern man füllt neuen Wein in neue Schläuche, und beide bleiben zusammen erhalten* (Mt 9,17).
>
> *Meine Seele verlangte nach dir in der Nacht, ja, mein Geist in mir suchte dich; denn sobald deine Gerichte die Erde treffen, lernen die Bewohner des Erdkreises Gerechtigkeit* (Jes 26,9 SLT).

Test

1. Wir sind übernatürliche Wesen, die eine ____________________ physische Erfahrung haben.
2. Wo ist die geistliche Welt?
3. Was ist eine Seherwaise?
4. Satan regiert sein Königreich, indem er das wahre Königreich Gottes ______________.

Notizbucheintrag

Schreiben Sie einen spezifischen Entschluss in Ihr Notizbuch, dass Sie Ihre Beziehung zu Gott stärken wollen und was Sie tun möchten. In welchen Bereichen können Sie Ihr geistliches Wohl verbessern?

Zum Nachdenken und Auswendiglernen

> *Naht euch Gott! Und er wird sich euch nahen* (Jak 4,8a).
>
> *Jesus sprach zu ihnen: Ich bin das Brot des Lebens: Wer zu mir kommt, wird nicht hungern, und wer an mich glaubt, wird nie mehr dürsten* (Joh 6,35).

Kapitel 1: Der Mantel aus Feuer und Wasser

Lehrpunkte

- Wir müssen für diese Fähigkeit Verantwortung übernehmen.
- Meist aktivieren wir dies (bzw. bringen es in Gang) durch einen Akt des Glaubens.
- Wir arbeiten mit dem Heiligen Geist zusammen.

Bibelverse des Kapitels

(in der Reihenfolge, wie sie im Kapitel erscheinen)

- Johannes 5,8
- Markus 2,9
- Johannes 9,11
- Lukas 17,11-19
- 5. Mose 4,11
- Psalm 18,12-13
- Psalm 97,2-4
- Psalm 133

Den Schalter umlegen

Wir müssen lernen, für die Fähigkeit, im Geist zu sehen, Verantwortung zu übernehmen und darin zu wachsen, um dem Leib Christi *unter Anleitung und Führung des Heiligen Geistes* mit ihr zu dienen. Nehmen Sie sich Zeit, um den Geist Gottes zu suchen und sensibler für seine Führung zu werden. Stellen Sie sich immer die Frage, ob die Richtung, die Sie eingeschlagen haben, in Einklang mit dem Wort Gottes steht. Der Heilige Geist leitet uns niemals im Widerspruch zu seinem Wort; aus diesem Grund müssen Sie sein Wort in Ihrem Herzen verbergen. Sein Wort wird Ihnen Klarheit und ein gutes Empfinden darüber schenken, ob Sie vom Heiligen Geist geleitet und geführt werden.

Wie könnte es aussehen, wenn der Heilige Geist Sie leitet, einem Menschen mit Heilung zu dienen? Geben Sie ein Beispiel dafür und prüfen/bestätigen Sie es an Hand eines Verses oder Abschnittes im Wort Gottes. Wie würden Sie dann Ihren Glauben aktivieren ... den Schalter für das Wunder umlegen?

Herausforderung

Lesen Sie die folgenden Verse. Welche darunter sind souveräne Taten Gottes und welche erfordern es, einen Schalter umzulegen?

1. *Dies alles aber wirkt ein und derselbe Geist und teilt jedem besonders aus, wie er will* (1 Kor 12,11).
2. *Jesus spricht zu ihm: Steh auf, nimm dein Bett auf und geh umher* (Joh 5,8).
3. *Meine Schafe hören meine Stimme, und ich kenne sie, und sie folgen mir; und ich gebe ihnen ewiges Leben, und sie gehen nicht verloren in Ewigkeit, und niemand wird sie aus meiner Hand reißen* (Joh 10,27-28).
4. *Was ist leichter? Zu dem Gelähmten zu sagen: Deine Sünden sind vergeben, oder zu sagen: Steh auf und nimm dein Bett auf und geh umher* (Mk 2,9).
5. *Er antwortete: Der Mensch, der Jesus heißt, bereitete einen Teig und salbte meine Augen damit und sprach zu mir: Geh hin*

nach Siloah und wasche dich! Als ich aber hinging und mich wusch, wurde ich sehend (Joh 9,11).

6. ... *deren Herz öffnete der Herr, auf dass sie achtgab, was von Paulus geredet wurde* (Apg 16,14b).

Die seherische Dimension ist spannend, weil es Gott selbst ist, der mit uns im Hier und Jetzt durch einen Prozess der Visualisierung kommuniziert bzw. sich uns offenbart. Dadurch erhalten wir eine zusätzliche Gelegenheit, in sein Herz hineinzuschauen und es kennenzulernen. Wir erhalten Einblick in die Dinge, die ihn bewegen und berühren, und gleichzeitig hilft uns dies, mit dem in Einklang zu stehen, was Gott hier und heute auf dieser Erde tut! Sind Sie dazu bereit, sich weit über Ihre natürlichen Grenzen hinaus dehnen zu lassen? Öffnen Sie Ihre Augen! Wenn Sie Ihre Augen öffnen, gibt es keine Grenzen, wie weit Sie im Geist schauen können. Gottes Träume für Sie sind bei weitem größer als Ihre größten Träume. Ihr Glaube, dass Sie Gott vertrauen können, wird wachsen, während Sie lernen, sich auf seine Güte und Gnade zu verlassen.

Test

1. Was muss normalerweise geschehen, um in die Dinge des Königreiches Gottes, wie Heilung, Prophetie, Wunder, Unterscheidung der Geister, eintreten zu können?
2. Was ist ein Mantel?
3. Richtig oder falsch: Visionen können ein- und ausgeschaltet werden.
4. Richtig oder falsch: Jede unserer Erfahrungen kann sich von denen einer anderen Person unterscheiden.
5. Richtig oder falsch: Wenn wir als Neulinge anfangen, im Geist zu sehen, sollten wir nicht gleich alles hinausposaunen, was wir sehen; und zwar so lange nicht, bis wir an praktischer Erfahrung dazugewonnen haben.

Notizbucheintrag

Denken Sie daran: Zu lernen, sich in der Dimension der Seher zu bewegen, ist, als würden Sie eine Leiter hinaufklettern. Sie beginnen auf der ersten Sprosse und steigen die Leiter Sprosse um Sprosse immer weiter hoch. Es ist also ein Wachstumsprozess, und wenn Sie dranbleiben und den Schalter immer wieder umlegen und sich der Sache hingeben, wird sich Ihre Fähigkeit als Seher weiterentwickeln. Der Schlüssel ist, dass Sie nahe beim Herrn bleiben, ganz egal, auf welcher Sprosse Sie sich befinden. Bleiben Sie gehorsam, bewegen Sie sich *mit ihm* vorwärts und streben Sie immer danach, Menschen auf eine Weise zu erbauen, die Gott verherrlicht!

Ein beträchtlicher Teil Ihres „Trainings" besteht darin, zu lernen, wie Sie das, was Sie sehen, als den Geist Gottes unterscheiden können. Es ist hilfreich, wenn Sie Ihre Erfahrungen, Überlegungen und Lernkurven in einem separaten Notizbuch aufschreiben, welches dann im Laufe der Zeit zu einem wertvollen Nachschlagewerk für Sie werden und Ihnen helfen wird, Dinge zu verfeinern, während Sie wachsen.

Zum Nachdenken und Auswendiglernen

> *Er erleuchte die Augen eures Herzens, damit ihr wisst, was die Hoffnung seiner Berufung, was der Reichtum der Herrlichkeit seines Erbes in den Heiligen und was die überragende Größe seiner Kraft an uns, den Glaubenden, ist, nach der Wirksamkeit der Macht seiner Stärke. Die hat er in Christus wirksam werden lassen, indem er ihn aus den Toten auferweckt und zu seiner Rechten in der Himmelswelt gesetzt hat* (Eph 1,18-20).

Ich werde aus dem Glanz SEINER Gegenwart heraus leben und handeln!

Kapitel 2: Geistliche Sinne

Lehrpunkte

1. Im Geist sehen: Wie funktioniert die echte Gabe der Unterscheidung der Geister?
2. Die Gabe der Unterscheidung kommuniziert/funktioniert durch unsere geistlichen Sinne
3. Drei Kategorien mit jeweils fünf Sinnen
4. Geistliche Sicht = Augen des Herzens
5. Geistliche Sinne ähneln den natürlichen Sinnen, sind aber in hohem Maße unterentwickelt
6. Sinne der Seele, Sinne des Geistes, Sinne des Körpers

Schlüsselbibelstellen

(in der Reihenfolge, wie sie im Kapitel erscheinen)

- 1. Korinther 12
- 1. Thessalonicher 5,23
- 2. Könige 6,17
- Epheser 1,8
- Hesekiel 3,1-3
- 2. Korinther 2,14
- Lukas 8,43-46
- Matthäus 5,8

Den Schalter umlegen

Haben Sie, bevor Sie Christ wurden, jemals versucht, die Bibel zu lesen, und dabei festgestellt, dass Sie die Botschaft des Evangeliums eigentlich nicht begreifen? Oder die Prophetien im Alten Testament? Hat es Ihnen an Offenbarung und Verständnis gemangelt im Hinblick auf das, was Sie gelesen haben? Wie sich das doch verändert, seit wir angefangen haben an Jesus Christus zu glauben und unsere geistlichen Augen geöffnet wurden. Plötzlich bekommt die Bibel so viel mehr Tiefe, Bedeutung und Sinn! Und plötzlich *sehen* wir Christus sogar im Alten Testament. Die meisten, die neu zum Glauben gekommen sind, sind am Anfang ganz und gar auf Gott ausgerichtet. Leider verlieren wir manchmal das Berührtsein und die damit einhergehenden Offenbarungen dieser jungen Liebe. Warum? Weil wir unseren Fokus verlieren. Also *haben* Sie doch Erfahrungen gemacht, die Ihre geistlichen Augen geöffnet haben! Sie *haben* geistliche Augen! Sie müssen lediglich geöffnet werden. Und offen gehalten werden!

Den Schlüssel dazu, mit dem Sehen zu beginnen, und dazu, dass unsere Augen geöffnet bleiben, finden wir in Matthäus 5,8: *„Glückselig, die **reinen** Herzens sind, denn sie werden Gott **schauen.**"* „Rein" bedeutet, dass unsere Herzen ganz und gar auf Gott ausgerichtet sein müssen. Um von ganzem Herzen auf Gott ausgerichtet zu sein, müssen wir Ablenkungen beseitigen: den Wirrwarr, den Unrat des Lebens.

- Was lenkt Sie davon ab, sich auf Gott auszurichten?
- Wie können Sie Ihren Fokus neu auf Gott einstellen?
- Wie werden Sie mit den Ablenkungen umgehen?

Herausforderung

Lesen Sie den folgenden Auszug aus Paulus' Brief an die Epheser. Welche lebensverändernden Wahrheiten möchte Gott Sie/uns sehen lassen? Und „sehen" Sie bzw. haben Sie diese Dinge „gesehen"? Wenn Ihr Herz noch nicht erleuchtet ist, richten Sie sich auf Gott aus!

> *Deshalb höre auch ich, nachdem ich von eurem Glauben an den Herrn Jesus und von eurer Liebe zu allen Heiligen gehört habe, nicht auf, für euch zu danken, und ich gedenke euer in meinen Gebeten, dass der Gott unseres Herrn Jesus Christus, der Vater der Herrlichkeit, euch gebe den Geist der Weisheit und Offenbarung in der Erkenntnis seiner selbst. Er erleuchte die Augen eures Herzens, damit ihr wisst, was die Hoffnung seiner Berufung, was der Reichtum der Herrlichkeit seines Erbes in den Heiligen und was die überragende Größe seiner Kraft an uns, den Glaubenden, ist, nach der Wirksamkeit der Macht seiner Stärke. Die hat er in Christus wirksam werden lassen, indem er ihn aus*

den Toten auferweckt und zu seiner Rechten in der Himmelswelt gesetzt hat, hoch über jede Gewalt und Macht und Kraft und Herrschaft und jeden Namen, der nicht nur in diesem Zeitalter, sondern auch in dem zukünftigen genannt werden wird. Und alles hat er seinen Füßen unterworfen und ihn als Haupt über alles der Gemeinde gegeben, die sein Leib ist, die Fülle dessen, der alles in allen erfüllt (Eph 1,15-23).

Lebensverändernde Wahrheiten

1. ______________________________

   ____

   ____

   ____

2. ______________________________

   ____

   ____

   ____

3. ______________________________

   ____

   ____

   ____

4. ______________________________

   ____

   ____

   ____

Test

1. Jesus sprach in Matthäus 5,8 von Reinheit als einem Schlüssel, um ______________________.

2. Was ist die Bedeutung von „rein" in Bezug auf diesen Vers?
3. Um in der Lage zu sein, unser Hauptaugenmerk auf Gott zu richten, müssen wir ______________ beseitigen.
4. Welches sind die fünf geistlichen Sinne?

   1. ______________
   2. ______________
   3. ______________
   4. ______________
   5. ______________

5. Jeder Mensch hat auch fünf Sinne in seiner __________ und fünf __________ Sinne.
6. Die Verfassung unserer Seele beeinflusst die Art und Weise, wie wir die Welt ____________, wie wir andere ____________, unsere Bereitschaft bestimmte Dinge zu ____________ oder wie wir bestimmte Dinge ____________.
7. Die körperlichen Sinne treten mit der ____________ Dimension in Beziehung, die seelischen Sinne mit der ____________ Dimension und der Geist hat Sinne, die mit der ____________ Dimension in Beziehung treten.

Notizbucheintrag

Schreiben Sie Folgendes auf: das Allerschönste, die Sie je gesehen haben, den lieblichsten Duft, den Sie je gerochen haben, die angenehmste Sache, die Sie je berührt haben, das Lieblichste, das Sie je gehört haben, einen unvergesslichen Geschmack. Haben diese Erfahrungen Emotionen in Ihnen hervorgerufen? Reaktionen? Haben diese Sie in irgendeiner Weise verändert?

Was ist das Hässlichste bzw. Verstörendste, Ekelhafteste, was Sie je gesehen haben? Der grässlichste Gestank, den Sie je gerochen haben? Die schleimigste, dreckigste Sache, die Sie je berührt haben? Das Angsteinflößendste, das Sie je gehört haben? Das Abscheulichste, was Sie je geschmeckt haben? Notieren Sie Ihre Reaktionen. Wie ging es Ihnen bei diesen Erfahrungen?

Während Sie Ihre Gedanken und Reaktionen auf diese Ereignisse aufschreiben, behalten Sie in Erinnerung, dass die Geschehnisse, die Sie jetzt und in der Zukunft durch Ihre geistlichen Sinne erleben werden, ähnliche Reaktionen hervorrufen mögen, weil diese fast genauso funktionieren.

Zum Nachdenken und Auswendiglernen

Gott aber sei Dank, der uns allezeit im Triumphzug umherführt in Christus und den Geruch seiner Erkenntnis an jedem Ort durch uns offenbart (2 Kor 2,14).

Ich werde meinen Fokus NICHT verlieren!

Kapitel 3: Gabenübertragung

Lehrpunkte

- Biblische Wahrheiten und Fakten, die sich auf Gabenübertragung beziehen
- Gabenübertragung ist grundlegend, beabsichtigt, biblisch, individuell, ein Same
- Beziehung zur Salbung
- Sie können nur das weitergeben, was Sie selber besitzen

Bibelverse des Kapitels

(in der Reihenfolge, wie sie im Kapitel erscheinen)

- 1. Johannes 2,27
- Hebräer 6,1-2
- Römer 1,11
- Apostelgeschichte 3,6
- 5. Mose 34,9
- 4. Mose 24-25a
- 2. Könige 2,9
- 1. Timotheus 4,14
- Lukas 8,4-15
- Johannes 7,38-39
- 2. Korinther 4,4
- 2. Könige 2,10
- 1. Timotheus 5,22
- 1. Timotheus 3
- 1. Timotheus 5,17-20

Den Schalter umlegen

Je mehr Offenbarung wir empfangen, desto größer wird die Last unserer Verantwortung. Geistlicher Hunger *bereitet unser Herz vor,* die Last zu empfangen, und unser Charakter trägt sie. Wenn wir nicht die entsprechende Reife in Jesus Christus haben, können wir mit der uns anvertrauten Kraft wahrscheinlich nicht gut umgehen und werden somit zu einer Gefahr für unsere Mitmenschen. Folglich empfängt nicht jeder dasselbe Maß an Bevollmächtigung; nicht jeder erhält dieselben Anteile, und gewiss niemals mehr als er tragen und in rechter Weise handhaben kann. Es ist sogar möglich, dass Gott, falls nötig, die Salbung für eine gewisse Zeitspanne wegnimmt.

Überprüfen Sie Ihren Charakter. Wenn Sie in den folgenden Bereichen Probleme haben, benötigen Sie wahrscheinlich etwas Hausputz: geheime Sünde, Kompromisse, doppelte Standards, Unversöhnlichkeit, exzessive allgemeine Geschäftigkeit, Stolz; falls Sie ängstlich, schüchtern, rücksichtslos, kritisch sind.

Herausforderung

Gehen Sie nochmals das Gleichnis vom Sämann in Lukas 8,4-15 durch. Dieses Prinzip der Saat trifft auch dafür zu, wie wir von Gott empfangen. Wenn Sie eine Gabenübertragung empfangen haben, wird der Same, den Sie empfangen haben, im Verhältnis zur Qualität des Bodens wachsen, in den Sie den Samen einsäen, und wie Sie ihn pflegen. Je fruchtbarer und nährstoffreicher der Boden ist, desto schneller, gesünder und stärker wird der Same wachsen. Wie gut bewässert sind Sie? *Wie intensiv scheint das Licht des Sohnes Gottes täglich auf Sie?*

Hinweis: Trainieren Sie Ihre geistliche Wahrnehmung bzw. Sicht fortwährend durch das Aufnehmen des Wortes Gottes; das wird Ihren geistlichen Sinnen die Fähigkeit geben, schnell und akkurat zu unterscheiden, was von Gott kommt und was nicht; und es wird Ihrem Sinn, Ihrem Willen und Ihren Emotionen helfen, das zu verarbeiten, was Sie sehen oder hören.

Test

Richtig oder falsch?

1. Gabenübertragung ist wichtig, um Ihnen zu helfen, fest gegründet zu werden.

2. Das Auflegen der Hände (Hebr 6,1-2) ist keine grundlegende Lehre.
3. Gabenübertragung geschieht immer zufällig.
4. Eine Gabenübertragung kann durch das Auflegen der Hände entfacht werden.
5. Jeder Gläubige kann eine Gabe oder Salbung über jemand anderem proklamieren und durch Handauflegung auf ihn übertragen.
6. Gabenübertragung wurde erst im Neuen Testament eingeführt.
7. Der Heilige Geist leitet jemanden dazu an, einer Person bewusst die Hände aufzulegen, um etwas zu übertragen.
8. Öl ist symbolisch für die Salbung.
9. Sie können keine doppelte Portion der Salbung übertragen, wenn Sie selber nur eine einfache Portion haben.

Notizbucheintrag

Die Frau, die bewusst Jesu Gewand berührte, wollte sich die Heilungssalbung zunutze machen, die er in sich trug. Bereiten Sie den Boden vor für das, was Sie brauchen. Gehen Sie zu Jesus und holen sich von ihm etwas, was Sie brauchen. Notieren Sie seine Reaktion.

Zum Nachdenken und Auswendiglernen

> *Da enthüllte der Herr dem Bileam die Augen, dass er den Engel des Herrn im Wege stehen sah und das gezückte Schwert in seiner Hand; da verneigte er sich und warf sich auf sein Angesicht* (4 Mose 22, 31-32a).

Ich ringe um eine DOPPELTE Portion!

Kapitel 4: Wir alle können sehen

Lehrpunkte

- Geistliche Gaben können gelehrt, erlernt und aktiviert werden
- Alle neun Gaben sind in uns vorhanden
- Drei Ebenen der Gaben
- Stufen des Glaubens in der Ausübung der Gaben
- Es ist Gottes Verlangen, dass jeder Gläubige im geistlichen Sehen aktiv ist
- Wir sollen nach den größeren Gaben streben und ihnen nachjagen

Bibelverse des Kapitels

(in der Reihenfolge, wie sie im Kapitel erscheinen)

- 1. Korinther 12
- 1. Korinther 14,31
- 2. Timotheus 1,6
- Hebräer 5,14
- 1. Korinther 12,7-11
- 1. Petrus 4,10
- Markus 16,17-18
- Matthäus 10,8
- Epheser 4,11-13
- 1. Korinther12,10
- Markus 8,18
- Hebräer 5,12-14
- Epheser 1,15-18
- 2. Könige 6,15-17
- Offenbarung 3,17-18
- Lukas 4,18
- Matthäus 7,1-5
- 1. Johannes 2,9-11
- 1. Korinther 12,31

Den Schalter umlegen

Die Fähigkeit zu unterscheiden ist eine Fähigkeit, die Gott jedem Gläubigen schenken will. Die Salbung, im Geist zu sehen (vgl. Offb 3,17-18), ist eine Gabe, die Gott Ihnen verfügbar gemacht hat. Er hat Ihnen auch eine Salbung gegeben, die Kranken zu heilen, Aussätzige zu reinigen und zu prophezeien. Umsonst haben wir es empfangen, umsonst geben wir es weiter. Wir können von diesen „Alle können"-Glaubensgaben in unserem Leben mit Gott Gebrauch machen. Ihre geistlichen Augen und Ohren können und sollten geöffnet und funktionsfähig sein.

Herausforderung

Hass und Unversöhnlichkeit können Ihre geistlichen Augen blind machen. Beides behindert, verdunkelt, zerstört und blockiert eine gottgemäße Unterscheidung. Beschließen Sie heute, dass Sie Ihr Unterscheidungsvermögen nur in bedingungsloser Liebe gebrauchen.

Test

Richtig oder falsch?

1. Da Sie fähig sind zu unterscheiden, haben Sie gleichzeitig die Gabe der Geisterunterscheidung und bekleiden deshalb auch das Amt und die Berufung eines Sehers.
2. Paulus glaubte, dass die geistlichen Augen von allen Christen geöffnet werden könnten.
3. Wenn ich keine Gabe der Heilung habe, bin ich auch nicht verantwortlich dafür, für Kranke zu beten.
4. Gott möchte, dass wir alle Gutes von Bösem unterscheiden.

Notizbucheintrag

Schreiben Sie in der nächsten Zeit Ihre Träume auf, sobald Sie morgens aufwachen. Halten Sie dabei auch die Einzelheiten wie Farben, Formen, Worte und alles Weitere fest, woran Sie sich erinnern – was Sie gesehen und gehört oder vielleicht sogar gerochen haben in Ihrem Traum. Wie haben Sie sich gefühlt, als Sie sahen, was Sie sahen? Bitten Sie Gott, Ihnen dabei zu helfen, die Bedeutung Ihres Traumes durch Unterscheidung zu erschließen.

Zum Nachdenken und Auswendiglernen

> *Wer nämlich noch Milch genießt, der ist unerfahren im Wort der Gerechtigkeit; denn er ist ein Unmündiger. Die feste Speise aber ist für die Gereiften, deren Sinne durch Übung geschult sind zur Unterscheidung des Guten und des Bösen* (Hebr 5,13-14 SLT).

Ich STREBE EIFRIG nach den GRÖSSEREN Gaben!

Kapitel 5: Propheten und Seher

Lehrpunkte

- Definition von Sehern und Propheten und ihre Funktionen
- Zwischen Sehern und Propheten unterscheiden
- Seher in der Bibel

Bibelverse des Kapitels

(in der Reihenfolge, wie sie im Kapitel erscheinen)

- 1. Chronik 29,29
- 2. Samuel 15,27
- 2. Chronik 16,7
- 2. Chronik 9,29
- Amos 7,12
- 2. Chronik 29,30
- 2. Chronik 35,15
- 1. Chronik 25,5
- 1. Samuel 9,9
- Epheser 4,11
- 2. Könige 6,17

Legen Sie den Schalter um

Als Christ haben Sie das verbriefte Recht, in die geistliche Welt um Sie herum zu sehen, während ein Ungläubiger ohne Christus es nicht hat. Wenn Sie in der Sehersalbung wachsen, wird Gott mit Ihnen mehr durch Visionen und Träume als durch hörbare Worte kommunizieren. Ihre Erfahrungen werden visueller sein. Der Herr wird Ihnen immer mehr Offenbarung durch Träume, innere Bilder, Visionen, offene Visionen, Engelsboten oder Erfahrungen im Himmel zukommen lassen. Es mag sein, dass Gott Ihnen nur auf eine bestimmte visuelle Weise Offenbarung zuteilwerden lässt oder aber auf vielfältige Art. Oder er schenkt Ihnen die Fähigkeit, so zu sehen, wie Elisa sehen konnte, als er Berge voller Pferde und feuriger Streitwagen um sich herum sah. Also proklamieren Sie jetzt: Ich habe das Recht, in die geistliche Welt hineinzuschauen!

Herausforderung

Wenn Sie selbst (oder jemand, den Sie gut kennen), sich in einer schwierigen Lage befinden, beten Sie: „Herr, öffne meine Augen, damit ich so wie Elisa sehen kann."

Test

Richtig oder falsch?

1. Ein Seher wird oft die Worte benutzen: „Der Herr hat mir gezeigt ..."
2. Die Propheten im Alten Testament wurden einst „Seher" genannt.
3. Die Sehersalbung kann nicht über Generationen weitergegeben werden.
4. Gott kommuniziert mit Sehern und Propheten, damit sie seine Botschaften weitergeben und der Gemeinde verkünden können, um Vision, Wegweisung und Ermutigung zu bringen.

Notizbucheintrag

Schreiben Sie in der nächsten Zeit auf, auf welche verschiedenen Arten Ihnen der Heilige Geist Botschaften vermittelt. Erkennen Sie darin ein Muster?

Zum Nachdenken und Auswendiglernen

> *Die Liebe vergeht niemals; seien es aber Weissagungen, sie werden weggetan werden; seien es Sprachen, sie werden aufhören; sei es Erkenntnis, sie wird weggetan werden. Denn wir erkennen stückweise, und wir weissagen stückweise; wenn aber das Vollkommene kommt, wird das, was stückweise ist, weggetan werden* (1 Kor 13,8-10).

Ich sehe Berge VOLLER Pferde und feuriger Streitwagen!

Kapitel 6: Die unsichtbare Welt

Lehrpunkte

- Definition der Dimensionen und Begriffe
- Geistliche Dynamiken / natürliche Folgen
- In die Dimensionen hineinschauen

Bibelverse des Kapitels

(in der Reihenfolge, wie sie im Kapitel erscheinen)

- 2. Korinther 4,18
- 1. Mose 1
- Offenbarung 22
- Daniel 10,13
- 2. Korinther 12,2-4
- 2. Könige 6,13-17
- Daniel 10,4-7
- Daniel 10,8-11
- Offenbarung 1,9-18
- 4. Mose 22,21-27; 28-33

Legen Sie den Schalter um

Daniels Leben war voller unglaublicher geistlicher Erfahrungen. Das trifft auch auf den Apostel Johannes, auf Stephanus und viele andere zu. Und Sie können das auch, sogar mitten in den größten Notlagen. Dann sind wir nämlich für die Botschaften des Herrn oft am aufgeschlossensten und unsere Sehkraft ist am stärksten. Wenn Sie durch Herausforderungen gehen, ausgebrannt sind oder verfolgt werden, ist das für Gott kein Hindernis! *Seien Sie offen dafür, was er Ihnen zeigen möchte.*

Durch die übernatürliche Befähigung des Heiligen Geistes werden Sie in der Lage sein, geistliche Wirklichkeiten zu sehen, vielleicht sogar den geöffneten Himmel und den Menschensohn zur rechten Hand Gottes stehend, so wie Stephanus, während er wegen seines Zeugnisses gesteinigt wurde.

Herausforderung

Viele biblische Figuren haben Erfahrungen mit der geistlichen Welt gemacht und sind mit ihr in Beziehung getreten. Genauso wie die Engel mit den damaligen Heiligen zusammengearbeitet haben, werden sie auch heutzutage mit uns zusammenarbeiten. Sie haben Zugang dazu, und Sie sollten diese Dimension in Ihrem Leben ebenfalls erleben. Engel sind überall um uns herum, und Sie werden sie sehen, wenn Sie die Augen haben, sie zu sehen. Denken Sie daran, Ihre Augen zu öffnen!

Test

1. Richtig oder falsch? Die „sichtbare" Dimension wird auch als „physische" Dimension bezeichnet, die wir mit unseren natürlichen fünf Sinnen erfahren können.
2. Die physische und die geistliche Welt bezeichnet Paulus als ________________ und als ________________ Welt.
3. Die ewige Dimension ist jede weitere Dimension außer der ________________ Dimension.
4. Die ________________ Dimension ist die physische Dimension.
5. Richtig oder falsch: Die geistliche Welt ist viel realer als die physische Welt.
6. Engel können vom Himmel auf die Erde kommen, aber sie können uns auch auf der Erde in der _____________ Welt umgeben.
7. Richtig oder falsch? Elisa sah in die unsichtbare Welt des Geistes hinein.
8. Die unsichtbare Welt ist ausschließlich gut.

Notizbucheintrag

Schreiben Sie Ihre Gedanken zu dieser Aussage auf: Sie sind nur einen Herzschlag weit davon entfernt, völlig in der geistlichen Dimension zu existieren.

Zum Nachdenken und Auswendiglernen

> *Er offenbart, was tief und verborgen ist; er weiß, was in der Finsternis ist, und bei ihm wohnt das Licht* (Dan 2,22 SLT).

Ich möchte von der himmlischen PERSPEKTIVE aus SEHEN!

Kapitel 7: Fragen zur Dimension der Engel

Kein Studium nötig

Kapitel 8: Unterscheidung der Geister

Lehrpunkte

- Natürliche und übernatürliche Unterscheidung
- Der menschliche Geist
- Vier verschiedene Bereiche übernatürlicher Unterscheidung
- Beurteilung und Unterscheidung
- Vier Arten von Geistern
- Fünf Filter

Bibelverse des Kapitels

(in der Reihenfolge, wie sie im Kapitel erscheinen)

- 1. Korinther 12
- 1. Korinther 2,14
- 1. Thessalonicher 5,21
- Lukas 12,56
- Matthäus 7,1-2
- Johannes 7,24
- Apostelgeschichte 2 und 8
- Johannes 1,32-34
- 2. Könige 6
- 4. Mose 22
- Epheser 6,16-17
- Sprüche 12,18
- Jesaja 54,17
- 2. Korinther 7,1
- Hebräer 4,12
- Lukas 13,11-13
- Galater 6,1-2
- Johannes 4,16-19
- 2. Petrus 1,19

- Psalm 12,6
- Matthäus 7,15-16
- Galater 5,22-23
- 1. Johannes 2,20; 26-27
- Epheser 4,11-13
- Kolosser 3,15
- Psalm 103,2-7

Legen Sie den Schalter um

Die Gabe der Unterscheidung der Geister ist eine übernatürliche Gabe vom Heiligen Geist, die in Liebe ausgeübt werden soll. Sie sollte niemals eingesetzt werden, um zu verdammen, zu kritisieren, zu verdächtigen, zu manipulieren oder anzuklagen. Überprüfen Sie Ihre Motivation, falls Sie über jemanden tratschen, lästern, jemanden verunehren oder verleumden. Hören Sie damit auf und tun Sie Buße! Es mag sein, dass Gott die Gabe eine Zeit lang zurückhält, bis Sie umkehren.

Herausforderung

Versuchen Sie Menschen durch die Augen Jesu zu sehen. Wenn Sie dies tun, können Sie nicht gleichzeitig ein Protokoll über deren Fehler führen oder sie verdächtigen. Vergeben Sie, was vorgefallen ist, und tun Sie Buße darüber, dass Sie daran festgehalten haben. Auf diese Weise können Sie davon ausgehen, dass Sie wieder eine ungetrübte Unterscheidung haben. Was soll man tun, wenn Gott einem etwas Negatives über eine Person zeigt? Beten Sie für diese Person oder führen Sie sie in einen Heilungsprozess hinein, so wie Jesus es bei seiner Begegnung mit der Samariterin tat.

Test

1. Richtig oder falsch: Die biblischen Begriffe Beurteilung und Unterscheidung werden manchmal als Synonym gebraucht.
2. Der griechische Wortstamm für Beurteilung (anakrino, dokimazo) liefert uns zwei grundlegende Bedeutungen, die uns eine

gute Einsicht über das Wesen von Unterscheidung vermitteln; sie lauten ____________, ____________.

3. Listen Sie die vier Arten von Geistern auf, die wir unterscheiden können:

   1. ____
   2. ____
   3. ____
   4. ____

4. Wer erkannte an Pfingsten, dass der Heilige Geist am Wirken war?
5. Wie gehen Sie am besten vor, wenn Sie etwas wahrnehmen, was außerhalb Ihrer Komfortzone liegt?
6. Was ist ein himmlischer Geist?
7. Richtig oder falsch: Zu erkennen, was in einem menschlichen Geist vorgeht, kann bei dieser Person zu emotionaler, körperlicher und geistlicher Heilung führen.
8. Die menschliche Seele ist nicht von Natur aus böse, denn dann hätte sie nicht in ____________ existiert.
9. Das Fleisch ist die ______________ Natur des Geistes, der Seele oder des Körpers.
10. Richtig oder falsch: Wenn wir in der geistlichen Dimension den menschlichen Geist bzw. die menschliche Seele unterscheiden, erfassen wir möglicherweise nur schlechte Informationen.
11. Die Gabe der Unterscheidung der Geister ist eine übernatürliche Gabe vom Heiligen Geist, die in ____________ ausgeübt werden sollte.
12. Richtig oder falsch? Nicht jeder in Ihrem Umfeld mag das sehen, was Sie „sehen".

Notizbucheintrag

Schreiben Sie Ihre Gedanken hinsichtlich dieser Aussage auf: „Im Geist gleichen Worte Schwertern, also schwingen wir mit den Worten unseres Mundes auch Schwerter." Überlegen Sie nun, wer in Ihrem Leben sehr betrübt ist, und durch welche Worte und Taten Sie die geistlichen Pfeile entfernen könnten, die demjenigen zu schaffen machen. Welche Filter sollten Sie einsetzen, um das Gute und Schlechte zu unterscheiden?

Zum Nachdenken und Auswendiglernen

> *Richtet nicht nach dem äußeren Anschein, sondern richtet das gerechte Gericht* (Joh 7,24).

Die BIBEL ist meine GRUNDLAGE,
um Gottes Wesen zu verstehen

Kapitel 9: Hindernisse für die Gabe der Unterscheidung

Lehrpunkte

- Negative (geistliche) Einflüsse
- Klarheit aufrechterhalten

Bibelverse des Kapitels

(in der Reihenfolge, wie sie im Kapitel erscheinen

- Lukas 9,54-56
- Philipper 4,6
- Sprüche 29,25
- Hiob 1,9-10
- 1. Petrus 5,7
- Matthäus 13,12
- Markus 8,33
- Lukas 9,52
- Apostelgeschichte 8,18-24
- 2. Könige 17,35-38
- Matthäus 5,27-28
- Matthäus 6,22-23
- Psalm 101,3

Legen Sie den Schalter um

Lesen Sie die oben aufgelisteten Schlüsselverse erneut durch, nehmen Sie sich Zeit, darüber nachzusinnen, und lassen Sie diese Wahrheiten tief in Ihrem Herzen Wurzeln schlagen, um Ihren Geist im Herrn und in seinen Wahrheiten „reif" werden zu lassen und zu entwickeln.

Herausforderung

Bestimmen Sie: Was sehen Sie in Ihrem Leben als „Schwäche" und somit als Beschränkung in Ihrem geistlichen Wachstum an? Angst vor Konflikten? Mangel an Energie? Unentschlossenheit? Eine

Angewohnheit? Unvergebenheit? Stress? Sexuelle Begierde? Bitten Sie Gott nun, Ihnen zu zeigen, was er als Hindernisse sieht. Stimmen seine und Ihre Gedanken überein?

Test

1. Wir müssen vorsichtig sein, mit was wir unsere ________________ nähren.
2. Wie kann das, was wir im Fernsehen oder im Internet anschauen, unsere Fähigkeit, genau zu unterscheiden, negativ beeinflussen?
3. Was sollten Sie tun, bevor Sie eine Fernsehsendung anschauen?
4. Welches ist das beste Mittel, um emotionale Wunden zu heilen?
5. Richtig oder falsch: Ein mit Frieden erfülltes Herz wird unsere Sehschärfe verbessern.
6. Ein mit Furcht erfülltes Herz wird Sie ____________.

Notizbucheintrag

Warum haben Sie den Wunsch, Ihre Seher-Gabe zu entwickeln? Und wie wird dies Gott verherrlichen und anderen von Vorteil sein? Wie wird Ihnen das zugutekommen? Sind Ihre Motive rein? Seien Sie ehrlich.

Zum Nachdenken und Auswendiglernen

> *Jeder, der an einem Wettkampf teilnehmen will, unterwirft sich einer strengen Disziplin. Die Athleten tun es für einen Siegeskranz, der bald wieder verwelkt. Unser Siegeskranz hingegen ist unvergänglich* (1 Kor 9,25 NGÜ).

Umgib mich mit deinem Schutz, HERR!

Kapitel 10: Die Kraft der Liebe

Lehrpunkte

- Durch die Augen Jesu schauen
- Definition von Liebe
- In Liebe wandeln und handeln
- Die Kraft der Liebe zunehmen lassen

Bibelverse des Kapitels

(in der Reihenfolge, wie sie im Kapitel erscheinen)

- 1. Korinther 12,13,14
- 1. Thessalonicher 5,8
- 1. Timotheus 6,11
- 2. Timotheus 2,22
- 1. Johannes 1,6b
- Epheser 5,2
- Judas 1,21
- 1. Petrus 4,8
- Kolosser 3,12,14
- Epheser 3,17b-19
- Kolosser 1,19
- Johannes 3,16
- Römer 5,6-8
- 1. Johannes 3,14
- 1. Johannes 4,16-17
- Johannes 13,35

Legen Sie den Schalter um

Entschließen Sie sich heute, alles durch eine Linse der vollkommenen Liebe zu betrachten. Und listen Sie hier die 16 Schlüsselpunkte aus 1. Korinther 13 auf, die die Liebe beschreiben, und benutzen Sie diese Punkte als Ihren Leitfaden.

1. ______________________________

2. ______________________________

3. ______________________________

4. ______________________________

5. ______________________________

6. ______________________________

7. ______________________________

8. ______________________________

9. ______________________________

10. ______________________________

11. ______________________________

12. ______________________________

13. ______________________________

14. ______________________________

15. ______________________________

16. ______________________________

Herausforderung

Wer hat Sie in Ihrem Leben tief verletzt? Und wie könnten Sie die Mauer von leidvollen und verletzenden Erfahrungen der Vergangenheit durchbrechen, um diese Person bedingungslos lieben zu können? Was können Sie heute tun, um ihr bedingungslose Liebe zu erweisen? Wie können Sie diese ihr gegenüber aktivieren, praktizieren bzw. auf sie *überfließen lassen*?

Test

1. Warum ist das „Hohelied der Liebe“ (1 Kor 13) so zentral für die Funktion der Gaben?
2. Was ist für das Christenleben am Wesentlichsten: Glaube oder Liebe?

3. Durch was betrachten wir alles im Leben, wenn wir die Geister unterscheiden?
4. Liebe hat eine einzigartige Qualität an sich, indem sie was zudecken kann?
5. Liebe gibt uns buchstäblich die ____________ zurück, einander ohne ____________ zu sehen.
6. Richtig oder falsch? Gott zwingt uns, einander zu lieben.
7. Richtig oder falsch? Ein senfkorngroßer Glaube ist die beste Kraft, um Berge zu versetzen!
8. Richtig oder falsch? Liebe ist etwas, worum Sie Gott bitten müssen.

Notizbucheintrag

Lassen Sie Ihr Bewusstsein der Liebe Gottes in Ihrer alltäglichen Umgebung und bei Ihren Aufgaben zunehmen. Wie erinnert Sie Gott daran? Sehen Sie ihn in Ihren schwierigen Umständen? In der Natur? In jemandem, dem Sie begegnen? Schreiben Sie die nächste Woche alles auf, was Sie an die Liebe Gottes erinnert. Entschließen Sie sich, der Liebe nachzueifern.

Zum Nachdenken und Auswendiglernen

> *Und wir haben erkannt und geglaubt die Liebe, die Gott zu uns hat* (1 Joh 4,16a).

Und so ERKENNE und GLAUBE ich die LIEBE,
die Gott zu MIR hat!

Kapitel 11: Vier Schlüssel, damit der Glaube wächst

Lehrpunkte

- Vier Schlüssel:
  1. Fasten und Gebet
  2. Im Geist beten
  3. Das prophetische Wort von Gott hören
  4. Gemeinschaft
- Türen der Erfahrung
- Im Glauben hineintreten
- Türen öffnen

Bibelverse des Kapitels

(in der Reihenfolge, wie sie im Kapitel erscheinen)

- Markus 11,24
- Hebräer 11
- 2. Korinther 5,7
- Hebräer 4,2
- Lukas 17,5
- Matthäus 17,15-21
- Judas 1,20
- Römer 10,17
- Epheser 6,17
- Römer 1,12b
- Jakobus 2,14-18; 20-26
- Jakobus 2,20-26

Legen Sie den Schalter um

Wir wandeln im Glauben, nicht im Schauen! Der Schlüssel des Glaubens ist erforderlich, um die Tür zum „Sehen" zu öffnen. Er befähigt unsere geistlichen Augen, das Unsichtbare zu sehen, das, was sich nicht im Natürlichen befindet. Diese Art von Glauben erfordert ein Handeln auf unserer Seite; es braucht ein Hineingehen durch den Glauben. Dies ist ein Glaube, der den Schlüssel ins Schlüsselloch steckt und die Türklinke herunterdrückt! Entschließen Sie sich heute dazu, sich nicht nur damit zufrieden zu geben, vor der Tür stehen zu bleiben und nur hineinzuhorchen, sondern treten Sie hinein und fangen Sie an, sich umzuschauen!

Herausforderung

Ergreifen Sie die Initiative, Ihren Glauben aufzubauen, damit Gott Ihren Glauben größer werden lässt, und Sie werden mehr an Vertrauen gewinnen! Entschließen Sie sich jetzt, wann und wie oft Sie fasten, beten, auf Gott hören und Gemeinschaft pflegen werden, und halten Sie an Ihrem Plan fest!

Test

1. Richtig oder falsch? Glaube führt uns in eine biblische Erfahrung hinein.
2. Listen Sie zehn Beispiele von biblischen Wahrheiten auf, die Sie heute im Glauben erfahren können!

   1. ______________________________
   2. ______________________________
   3. ______________________________
   4. ______________________________
   5. ______________________________
   6. ______________________________
   7. ______________________________
   8. ______________________________
   9. ______________________________
   10. ______________________________

3. Wir treffen keine geistlichen Entscheidungen aufgrund dessen, was wir mit unseren ______________ Augen sehen können.

4. Glaube wird nur zufriedengestellt, wenn man in die ________________ eintritt.
5. Das Schwert des Geistes gehört uns, und wir können es schwingen, wie wir wollen. Richtig oder falsch?
6. Richtig oder falsch? Allein das Wort wird für uns Türen öffnen.

Notizbucheintrag

Auf welche Weise ist Ihr Vertrauen/Glauben in Ihrem geistlichen Wandel über die Jahre gewachsen? Können Sie die Schritte benennen, die Sie unternommen haben, die dabei die effektivsten waren? Was hat für Sie funktioniert? Und wie können Sie zusätzlich zu den vier Schlüsseln Ihren Glauben entwickeln?

Zum Nachdenken und Auswendiglernen

> *Es ist aber der Glaube eine feste Zuversicht auf das, was man hofft, eine Überzeugung von Tatsachen, die man nicht sieht* (Hebr 11,1).

Ich besitze ein GANZES BUCH MIT WAHRHEITEN, in die ich HINEINgehen kann!

Kapitel 12: Biblische Meditation

Lehrpunkte

- Biblische Meditation und die Vorstellungskraft

Bibelverse des Kapitels

(in der Reihenfolge, wie sie im Kapitel erscheinen)

- Sprüche 23,7
- Philipper 4,8
- Psalm 19,14; 104,34
- 2. Timotheus 3,16-17; 4,14-15
- Psalm 63,6
- Offenbarung 19,10
- Psalm 77,10-12; 143,5
- Epheser 1,18
- Matthäus 5,27-28
- Hiob 33,14-16
- Hebräer 4,12
- Johannes 6,63; 17,17
- Kolosser 3,3
- Lukas 11,11-13

Legen Sie den Schalter um

Entschließen Sie sich jetzt dazu, über gute Dinge zu meditieren, indem Sie wahre, edle, gerechte, reine, liebevolle, tugendhafte, lobenswerte und gute Gedanken erwählen, weil diese Gedanken Sie beeinflussen und verwandeln werden (vgl. Phil 4,8).

Herausforderung

Lesen Sie in Ihrem Lieblingsbuch der Bibel oder benutzen Sie die Bibelstellen am Anfang jedes Kapitels dieser Arbeitshilfe als Ausgangspunkt. Wenn der Herr einen Vers für Sie hervorhebt, lesen Sie ihn laut, schreiben Sie ihn auf und lassen Sie ihn tief in Ihren Geist sinken. Tragen Sie ihn mit sich herum und wiederholen Sie ihn, so oft Sie können. Wenden Sie dieses Wort in Ihrem Tagesablauf an und bauen Sie es in ihn ein. Zitieren Sie es jemandem.

Gehorchen Sie dem Wort. Stellen Sie Gott Fragen dazu. Lassen Sie es zur Nahrung für Ihren Tag werden! Der Schlüssel, sich einen Vers oder einen Abschnitt einzuprägen, liegt darin, ihn anzuwenden, denn Gottes Wort kehrt niemals leer zurück.

Test

1. Unsere Gedanken offenbaren sich als das Leben, das wir führen. Richtig oder falsch?
2. Das Zeugnis Jesu ist der Geist der ______________.
3. Welches ist das Meditationsorgan Ihres Geistes?
4. Gott kann zu uns durch unsere Vorstellungskraft sprechen. Richtig oder falsch?
5. Die Dimension der Vorstellung setzt echte Wirklichkeiten in welcher Dimension frei?
6. Wie verhindern wir, dass die Vorstellungskraft Dinge des Fleisches projiziert?
7. Wenn wir unsere Vorstellungskraft durch biblische Meditation ausüben, kann uns das in eine interaktive Erfahrung hineinführen. Richtig oder falsch?
8. Wir können durch den Geist in die Wirklichkeit des Wortes eintreten.
9. Wann könnte es gefährlich sein, sich auf seine Vorstellungskraft zu verlassen?
10. Richtig oder falsch? Unterscheidung mithilfe der Vorstellungskraft ist unzulässig.

Notizbucheintrag

Können Sie sich gute Dinge ins Gedächtnis zurückrufen, die Sie sich als Kind vorgestellt haben?

Zum Nachdenken und Auswendiglernen

> *Ich bete für die Erleuchtung meiner Herzensaugen, damit ich wissen kann, was die Hoffnung ist, zu der du mich berufen hast, Herr …* (vgl. Eph 1,18).

Das WORT ist lebendig und WOHNT in meinem GEIST!

Kapitel 13: Im Geist und in der Wahrheit anbeten

Lehrpunkte

- In die geistliche Wirklichkeit der Anbetung hineintreten
- In Beziehung treten / sich darauf einlassen
- Den dreieinigen Gott als geistliche Wesen anbeten

Schlüsselbibelstellen

(in der Reihenfolge, wie sie im Kapitel erscheinen)

- Johannes 4,19-24
- 2. Korinther 3,5-6
- Offenbarung 1,10
- 2. Chronik 5,13b-14
- Amos 9,11
- Apostelgeschichte 15,15-18

Legen Sie den Schalter um

Falls Sie einen großen Durchbruch brauchen, ist tiefe/intensive Anbetung der Schlüssel, und es kann sein, dass Sie eine unglaubliche und plötzliche Veränderung in Ihren Umständen als Ergebnis erleben. Vielleicht haben Sie in der Vergangenheit Anbetung nur im natürlichen Bereich erlebt; entschließen Sie sich, sich von nun an darin zu üben, im Geist und in der Wahrheit anzubeten.

Herausforderung

Der Herr sagte, wenn er, der Geist der Wirklichkeit, kommt, wird er Sie in alle Wirklichkeit leiten. Sind Sie bereit, in alle Wirklichkeit geleitet zu werden? Gott ist dabei, Seher im Bereich der Anbetung wiederherzustellen. Ist Ihr Geist willig? Welche Schritte können Sie persönlich unternehmen, Ihren Geist williger zu machen?

Test

1. Das Wort „Wahrhaftigkeit“ kann als ____________ übersetzt werden.

2. Der Geist der Wahrheit ist der Geist der Wirklichkeit, richtig oder falsch? Warum?
3. Alles hat eine geistliche Wirklichkeit, richtig oder falsch?
4. Welches Modell der Anbetung wird aus dem Alten Testament ins Neue Testament übernommen? Und was hat Gott darüber gesagt, was er damit tun möchte?
5. Es spielt keine Rolle, wie wir Gott anbeten. Richtig oder falsch?
6. Nur mit Hilfe von ____________ sind wir in der Lage, im Geist und in der Wahrheit anzubeten.
7. Anbetung ist in erster Linie eine
   a) geistliche Handlung
   b) physische Handlung
8. Wir können Gott so anbeten, wie immer es uns gefällt. Richtig oder falsch?

Notizbucheintrag

Stellen Sie sich vor, wie Sie mit Christus in der Himmelswelt sitzen, wie es in Epheser 2,6 beschrieben ist, und richten Sie Ihren Fokus auf jenen geistlichen Tempel, indem Sie Gott, der Geist ist, im Thronsaal im Geist und in der Wahrheit anbeten. Aktivieren Sie den Teil von Ihnen, der Geist ist, indem Sie sich ganz darauf konzentrieren, Gott zu lieben. Schreiben Sie Ihre Erfahrung ausführlich nieder.

Zum Nachdenken und Auswendiglernen

> *Es kommt aber die Stunde und ist jetzt, da die wahren Anbeter den Vater in Geist und Wahrheit anbeten werden; denn auch der Vater sucht solche als seine Anbeter. Gott ist Geist, und die ihn anbeten, müssen in Geist und Wahrheit anbeten* (Joh 4,23-24).

Ich KANN jederzeit im GLAUBEN in eine INTERAKTIVE ERFAHRUNG in der ANBETUNG eintreten!

Kapitel 14: Mit Geheimnissen betraut

Lehrpunkte

- Der Herr teilt seinem Volk seine Geheimnisse mit bzw. offenbart sie ihm
- Als Prophet/Seher vertrauenswürdig werden
- Verwalterschaft und Verantwortlichkeit

Schlüsselbibelstellen

(in der Reihenfolge, wie sie im Kapitel erscheinen)

- Amos 3,7
- 1. Mose 18,17
- Johannes 10,27
- 1. Korinther 4,1
- Psalm 25,14
- Jesaja 48,6
- Matthäus 11,25-26
- Jesaja 42,9
- 1. Korinther 2,9-10
- 5. Mose 29,29
- Sprüche 25,2
- Lukas 16,10
- Matthäus 7,6
- 1. Mose 37,8-11
- Offenbarung 10,3-4
- Richter 13,2-5; 16,17,19
- 2. Könige 20,13-18
- Hebräer 11,6

Legen Sie den Schalter um

Während Sie anfangen, sich in den Bereich des Sehens und des Prophetischen hineinzubewegen, wird der Herr Ihnen mehr seiner

Geheimnisse offenbaren. Aber dies ist keine Einbahnstraße; er misst dem, was *Sie* zu sagen haben, wirklich einen hohen Wert bei. Er hat Ihnen in der Tat unglaubliche innere Weisheit und Erkenntnis geschenkt. Suchen Sie Gott von ganzem Herzen, um seine Stimme zu hören, Ihre geistlichen Augen zu schärfen, um zu sehen, was er im himmlischen Raum vorhat? Erinnern Sie sich daran, dass Jesus nichts aus sich selbst heraus tun konnte, sondern nur das, was er seinen Vater tun sah, denn „was immer der Vater tut, tut auch der Sohn" (vgl. Joh 5,19). *Was können Sie tun, um ihm noch näher zu kommen?*

Herausforderung

Die geheimen Dinge gehören dem Herrn, und er offenbart sie, wem er will. Er möchte seine Geheimnisse mit Ihnen teilen, aber Sie müssen eine treue Gesinnung haben und auch verbergen können, was Sie sehen, bzw. es nur weitergeben, wenn er sein Okay dazu gibt. Somit werden einige Dinge, die Sie sehen, andere möglicherweise niemals erfahren. Nicht jeder kann damit umgehen oder verstehen, was Sie vielleicht irrtümlicherweise weitergeben. Einige mögen das Wissen als Munition verwenden, um das zu zerstören, was Gott versucht in Ihnen oder durch Sie aufzubauen, oder wenn eine Person mit dem, was Sie sehen, nicht umgehen kann, kann auch sie selbst zerstört werden. Gott muss Ihnen vertrauen können, und Menschen auch. Einige Dinge sind einzig und allein dazu gedacht, dass sie im geheimen Gebet und verborgener Fürbitte zum Thron Gottes gebracht werden. Wenn Sie nicht verstehen können, was der Heilige Geist Ihnen zeigt, und nicht wissen, ob Sie es in Ihrem Herzen bewahren oder das Empfangene an andere weitergeben sollen, bleiben Sie nur dann auf der sicheren Seite, wenn Sie es in Ihrem Herzen behalten und darüber nachsinnen, so wie Maria die Botschaften, die sie empfangen hat, innerlich bewegt hat. Zur rechten Zeit werden Sie dann Klarheit darüber haben. Durchforsten Sie auch Ihr Herz in Bezug auf Stolz, Tratsch, Prahlerei, Unversöhnlichkeit, Ehrgeiz, einem kritischen Geist, sexueller Begierde, verborgene Sünde und alles Weitere, was Ihre Fähigkeit gefährdet, treu zu sein. Es ist ebenfalls eine gute Zeit, um zu beurteilen, wie gehorsam Sie gewesen sind, und beschließen Sie, sich in diesem Bereich zu verbessern, wenn es nötig ist. Sie werden viel mehr sehen, als Sie je zu träumen gewagt haben, wenn Sie sich als vertrauenswürdig erweisen.

Test

1. Richtig oder falsch: Was Gott Ihnen zeigt, sollte jeder zu hören bekommen.
2. Was geschieht, wenn wir Offenbarung weitergeben, die wir eigentlich nicht weitergeben sollten?
3. Was ist die Konsequenz, wenn wir Gottes Vertrauen missbrauchen?
4. König Hiskia mangelte es an Verschwiegenheit, weil er alles in seinen Schatzkammern preisgab, und er rühmte sich sogar, dass er dem babylonischen Gesandten alles bis ins kleinste Detail gezeigt hat. Was verlor der König infolgedessen, dass er Gottes Vertrauen missbraucht hatte?
5. Richtig oder falsch: Wenn Sie etwas den verkehrten Leuten mitteilen, kann dies unerfreuliche Antworten und Reaktionen hervorrufen.
6. Der wahre Test eines Propheten liegt nicht darin, was er weiß, sondern was er an Erkenntnis ______________________.
7. Wenn Sie Gottes Geheimnisse kennen, sollten Sie auch darum wissen, wie Sie Gottes Geheimnisse ____________.
8. „Wenn ich Weissagung habe und alle Geheimnisse und alle Erkenntnis weiß, und wenn ich allen Glauben habe, sodass ich Berge versetzen kann, aber keine ____________ habe, so bin ich nichts" (1 Kor 13,2).
9. Liebe deckt eine Menge von ____________ zu.

Notizbucheintrag

Hat jemand schon einmal Ihr Vertrauen in Bezug auf eine private Angelegenheit missbraucht? Waren Sie jemals Zielscheibe von Gerede? Schreiben Sie auf, wie Sie sich dabei gefühlt haben. Hat es Sie vom rechten Pfad abgebracht? Hat es einen Plan zunichte gemacht? Hat es Ihr Herz auf negative Weise beeinflusst? Eine Beziehung beendet? Verwirrung verursacht? Ihre Entschlossenheit beeinflusst? Sie verbittert werden lassen?

Sinnen Sie über folgenden Vers nach und schreiben Sie Ihre Gedanken dazu auf:

> *Siehe, du hast Lust an der Wahrheit im Innern, und im Verborgenen wirst du mir Weisheit kundtun* (Ps 51,6).

Es ist wichtig, dass Sie ein Geheimnis über sich keinem anderen mitteilen, es sei denn, Sie haben zuerst mit Gott darüber geredet, um seine Sicht dieser Situation zu bekommen, denn wenn Sie etwas mit der Welt teilen, werden Sie eine weltliche Herangehensweise an die Situation hören, weltlichen Input und eine weltliche Meinung. Die Wahrheit entspringt jedoch aus den verborgenen Dingen, die der Heilige Geist in Ihr Inneres hineingelegt hat, wo er sie in Weisheit umwandelt, und wo sie vor dem Feind geschützt sind.

Zum Nachdenken und Auswendiglernen

> *Wer klatschsüchtig ist, wird auch anvertraute Geheimnisse ausplaudern; ein zuverlässiger Mensch schweigt* (Sprüche 11,13 HFA).

Ich wurde dazu geschaffen,
die TIEFEREN Dinge Gottes zu erkennen!

Kapitel 15: Seher und das Ende der Welt

Lehrpunkte

- Prüfen der Endzeitprophetien anhand des Wortes Gottes
- Endzeittheologie
- Gefahren

Schlüsselbibelstellen

(in der Reihenfolge, wie sie im Kapitel erscheinen)

- 1. Thessalonicher 5,20-21
- 2. Petrus 1,20-21
- Galater 1,8
- 1. Johannes 4,1
- Apostelgeschichte 17,11
- 2. Petrus 1,20-21

Legen Sie den Schalter um

Was glauben Sie in Bezug auf die Endzeit? Werden dadurch Ihre prophetischen Erfahrungen in Ihnen verzerrt? Inwiefern entspricht Ihre Theologie dem Wort Gottes? Bitten Sie den Herrn diesbezüglich um Unterscheidung. Welche Endzeittheologien bereiten Ihnen am meisten Sorge bzw. mit welchen beschäftigen Sie sich am meisten, und weshalb ist dies der Fall?

Herausforderung

Lassen Sie sich durch falsche Doktrinen oder Lehren nicht durcheinanderbringen, und zögern Sie nicht, das Thema Endzeit selbst zu studieren, denn Ihre Vorstellung von der Zukunft wird Auswirkungen darauf haben, wie Sie jetzt Tag für Tag leben.

Test

1. Richtig oder falsch? Prophetische Erfahrungen bestätigen immer eine korrekte Theologie.

2. Richtig oder falsch? So glaubwürdig ein Leiter auch erscheinen mag: Kann er trotzdem in seiner Theologie vom Weg abgekommen sein.
3. Eine persönliche theologische Sichtweise kann eine prophetische Erfahrung _______________.
4. Prophetie hatte ihren Ursprung niemals in menschlichem _______________.

Notizbucheintrag

Denken Sie an eine Zeit zurück, in der Sie irregeführt wurden. Wie haben Sie die Wahrheit herausgefunden?

Zum Nachdenken und Auswendiglernen

> *Weissagungen verachtet nicht, prüft aber alles, das Gute haltet fest* (1 Thess 5,20-21).

Ich werde vom Heiligen Geist GEFÜHRT!

Kapitel 16/17: Geistlicher Kampf / Seherwaisen

Lehrpunkte

- Lehren von Dämonen
- Geistliche Kampfführung: Identität, Autorität, Triumph
- Unseren Triumph über Satan aufrechterhalten
- Vollziehen und voranschreiten
- Seherwaisen / geistliche Reife
- Der Kern von Wachstum

Schlüsselbibelstellen

(in der Reihenfolge, wie sie im Kapitel erscheinen)

- Apostelgeschichte 17,28
- Johannes 15,4
- Epheser 2,6
- 1. Johannes 4,4
- Matthäus 16,19
- 1. Johannes 5,11-12
- Kolosser 2,15
- 2. Korinther 2,14; 5,20
- Epheser 6,19-20
- Hebräer 2,14-15
- Jesaja 14,16-17
- Johannes 8,43-44
- 2. Korinther 10,3-6
- 1. Petrus 5,8-9
- Johannes 8,32
- Epheser 6,11.13-14
- Philipper 3,16
- Epheser 1,17-18

Legen Sie den Schalter um

Suchen Sie nach Wahrheit! Widerstehen Sie dem Teufel und seien Sie standhaft ihm gegenüber, indem Sie fest im Glauben stehen bleiben. Beschließen Sie gegenüber den Lügen des Teufels wachsam zu sein, die immer darauf abzielen, Sie zu verdammen und Sie daran zu hindern, in der ganzen Fülle zu leben, die Gott für Sie bereit hält. Erlauben Sie nicht, dass der Teufel Sie austrickst, seien Sie sich seiner hinterhältigen Pläne bewusst, die das Ziel haben, dass Sie Ihrem Glauben absagen und trügerischen Geistern folgen.

Herausforderung

Vermeiden Sie es, ein Seherwaise zu werden! Wie sicher sind Sie sich in Ihrer Identität in Christus? Je weniger Sie um Ihre Position in Jesus Christus wissen, desto leichter ist es für den Teufel, Sie geistlich und emotional gebunden zu halten und Sie geistlich blind zu machen. Werden Sie keine Seherwaise. Wenn Sie Gott mit allem, was in Ihnen ist, suchen, um Offenbarung und Klarheit darüber zu erhalten, was Gott der Vater über Sie sagt, wer Sie IN JESUS sind, wird dies Satans Pläne in hohem Maße verhindern und bewirken, dass Sie einen beständig zunehmenden Sieg erleben, denn die Autorität, die Sie als Christ besitzen, ist Teil Ihrer Identität. Er hat uns in Bezug auf unsere Position in Jesus Christus Verheißungen gegeben, um uns darin zu helfen, effektiver im geistlichen Kampf gegen dämonische Mächte vorzugehen, indem wir den „Schild des Glaubens“ aktiv einsetzen (vgl. Eph 6,16). Finden Sie biblische Verheißungen bezüglich Ihrer Identität heraus und studieren Sie diese, um Satan davon abzuhalten, Ihr Gedankenleben zu beeinflussen, und um Ihren Hunger zu vergrößern, mehr wie Christus zu sein!

Test

1. Geistliche Kampfführung dreht sich um

   1. ______________________________
   2. ______________________________
   3. ______________________________

2. Kämpfen wir um den Sieg oder vom Sieg ausgehend?
3. Definieren Sie den Unterschied zwischen Sieg und Triumph.
4. Wir befinden uns als Botschafter auf dieser Erde, um was zu tun?
5. Wen wird der Gott des Friedens in Kürze unter unseren Füßen zertreten?
6. Jesus hat Satan all seiner a) ____________ und b) ____________ entkleidet.
7. Was bedeutet es, aus Jesu „Streitwagen" auszusteigen?
8. Richtig oder falsch? Viele Seher kämpfen mit Identitätsproblemen.
9. Wir wachsen in das hinein, was wir bereits ____________.
10. Es erfordert ____________, um den herrlichen Reichtum unseres Erbes zu verstehen.
11. a) „Je geistlicher, desto angegriffener"?
    b) Oder ist es so: Je mehr Vertrauen Sie in Ihre Identität (somit Autorität) in Christus haben, desto weniger geistlichen Kampf haben Sie zu führen?

Notizbucheintrag

Denken Sie an eine Zeit zurück, in welcher der Herr wollte, dass Sie in einem schwierigen Umstand ausharren, und Sie dann den Sieg im Triumph gefeiert haben. Wie hat Sie dies für Ihre nächste Schlacht gestärkt/motiviert/ermutigt? Denken Sie nun an eine momentane Herausforderung und stellen Sie sich den Triumph vor. Wie werden Sie ihn feiern?

Zum Nachdenken und Auswendiglernen

Seid nüchtern und wacht! Denn euer Widersacher, der Teufel, geht umher wie ein brüllender Löwe und sucht, wen er verschlingen kann; dem widersteht, fest im Glauben, in dem Wissen, dass sich die gleichen Leiden erfüllen an eurer Bruderschaft, die in der Welt ist (1 Petr 5,8-9 SLT).

Ich kämpfe vom Sieg ausgehend!

Abschluss: Von Herrlichkeit zu Herrlichkeit

Lehrpunkte

- Preschen Sie voran, um mehr zu empfangen
- Fortschreiten: ein Prinzip des Königreiches
- Das Wesen von Gottes Beziehung zu uns
- Wiederherstellung der Gabe der Unterscheidung der Geister

Bibelverse des Kapitels

(in der Reihenfolge, wie sie im Kapitel erscheinen)

- Hesekiel 47,1-5
- Jesaja 9,7
- Matthäus 13,31-33
- 2. Mose 14,13-16

Legen Sie den Schalter um

Gehen Sie voran! Heben Sie Ihren Stab hoch und strecken Sie ihn über das Meer aus. Guter Ratschlag! Hätte Gott das Meer geteilt, wenn Mose seinen Stab nicht hochgehoben hätte? Natürlich! Gott ist souverän, aber normalerweise will er unser Mitwirken. Worum er uns bittet, ist immer etwas, was wir tun können, da er uns die Autorität dazu gegeben hat. Dies gilt auch für die Gabe der Unterscheidung der Geister, für die unser Mitwirken, unser Gehorsam, unsere Bereitschaft und unser Dranbleiben im Glauben erforderlich sind. Was können Sie tun, um sich nach mehr auszustrecken?

Herausforderung

Sind Ihre Füße schon nass geworden? Wenn Sie die Lehreinheiten und die Abschnitte zur Aktivierung durchgearbeitet haben, sollten Sie inzwischen mindestens bis zu den Knöcheln im Wasser stehen, was Ihr geistliches Sehvermögen in die unsichtbare Welt und Ihre treue Verwaltung der Ihnen anvertrauten Geheimnisse des Herrn angeht. Wenn Sie weiter vorangehen, werden Sie In kürzester Zeit in Ihrer geistlichen Fähigkeit und Begabung immer stärker gegründet sein und dabei viel Land gewinnen – als ein Vorreiter im Bereich des geistlichen Sehens, der den Leib Christi in der Gabe der Unterscheidung der Geister zurüstet, die derzeit dem Leib Christi zurückgegeben wird.

Test

1. Was muss zuerst wiederhergestellt werden, damit in der Endzeitgemeinde die wahre Einheit wiederhergestellt werden kann?
2. Welche andere Gabe – neben der Unterscheidung der Geister – ist noch nicht völlig wiederhergestellt worden?
3. Welche sind schon jetzt sichtbare Zeichen für ihre Wiederherstellung?
4. Das Wesen des Reiches Gottes ist, ___________.
5. Was ist falsch? Das Königreich Gottes ist zu vergleichen mit
   a) Sauerteig
   b) einem Senfkorn
   c) einer Eiche

Notizbucheintrag

Welche Fortschritte haben Sie gemacht? Was erhoffen Sie sich vom Herrn in den kommenden Tagen, dass er es Ihnen zeigt?

Zum Nachdenken und Auswendiglernen

> *Wir alle aber schauen mit aufgedecktem Angesicht die Herrlichkeit des Herrn an und werden so verwandelt in dasselbe Bild von Herrlichkeit zu Herrlichkeit, wie es vom Herrn, dem Geist, geschieht* (2 Kor 3,18).

Ich EMPFANGE die Errungenschaft des Sieges, den Jesus für mich vollbracht hat!

Antwortschlüssel

Einführung

1. Vorübergehend
2. Überall um uns herum
3. Ein Christ, der anfängliche Erfahrungen mit der übernatürlichen Welt gemacht hat, dem es aber noch an solider biblischer Lehre, Training, Ermutigung und Freisetzung mangelt
4. Fälscht

Kapitel 1

Herausforderung

1. Souverän
2. Den Schalter umlegen
3. Souverän
4. Den Schalter umlegen
5. Den Schalter umlegen
6. Souverän

Test

1. Glaube aktivieren
2. Eine Salbung (vgl. Lk 24,49)
3. Richtig
4. Richtig
5. Richtig

Kapitel 2

Herausforderung

1. Die Hoffnung, zu der er uns berufen hat
2. Die Reichtümer seines herrlichen Erbes in den Heiligen
3. Das unermessliche Ausmaß seiner Kraft für uns, die wir an ihn glauben

Test

1. Um Gott zu sehen
2. Auf Gott ausgerichtet
3. Ablenkungen
4. Schmecken, berühren, riechen, sehen, hören
5. Seele, physische
6. Die Welt sehen / andere hören / gewisse Dinge berühren / bestimmte Dinge schmecken
7. Physische Welt / zwischenmenschliche Welt / geistliche Welt

Kapitel 3

Test

1. Richtig
2. Falsch
3. Falsch
4. Richtig
5. Falsch (Man sollte nur das übertragen, was man selber besitzt.)
6. Falsch (sowohl im Alten als auch im Neuen Testament)
7. Richtig
8. Falsch (Öl ist symbolisch für den Heiligen Geist.)
9. Richtig (Sie können nur das weitergeben, was Sie haben, aber Sie können es Gott überlassen bzw. ihn darum bitten, dass er eine doppelte Portion schenkt.)

Kapitel 4

Test

1. Falsch. (Nur weil Sie etwas unterscheiden können, heißt das noch lange nicht, dass Sie die „Gabe" der Geisterunterscheidung haben oder als Seher eingesetzt sind. Siehe Epheser 4,11.)
2. Richtig (vgl. Eph 1,15-18)
3. Falsch (Uns ist aufgetragen worden, die Kranken zu heilen; vgl. Mt 10,8.)
4. Richtig (vgl. Hebr 5,14)

Kapitel 5

Test

1. Richtig
2. Richtig
3. Falsch
4. Richtig

Kapitel 6

1. Richtig
2. Sichtbare / unsichtbare
3. Physischen
4. Zeitliche
5. Richtig
6. Unsichtbaren
7. Richtig
8. Falsch. (Die unsichtbare Welt ist weder gut noch böse; sie ist lediglich eine Existenzebene, wo es gute und böse Mächte geben kann.)

Kapitel 8

Test

1. Richtig
2. „Die Fähigkeit zu unterscheiden" und „zu prüfen bzw. zu beweisen"
3. Der Heilige Geist, himmlische Geister, der menschliche Geist und dämonische Geister
4. Petrus
5. Die Geister unterscheiden, bevor Sie neue Wahrheiten annehmen
6. Engel und andere himmlische Kreaturen
7. Richtig
8. Eden
9. Fleischliche
10. Falsch: gute oder schlechte Informationen
11. Liebe!
12. Richtig

Kapitel 9

Test

1. Vorstellungskraft
2. Es bewirkt, dass unser Geist offen für das Dämonische oder für Beschmutzung usw. ist.
3. Beschützen Sie Ihr Herz, verstehen Sie Ihre Motive, überlegen Sie im Gebet ...
4. Vergebung gewähren
5. Richtig
6. Eingrenzen

Kapitel 10

Test

1. Weil jede geistliche Gabe in Liebe angewandt werden soll
2. Liebe
3. Durch die Augen Jesu
4. Sünde
5. Augen, Sünde
6. Falsch (Liebe ist eine Entscheidung, die wir treffen.)
7. Falsch (Liebe ist eine stärkere Kraft als Hoffnung oder Glaube.)
8. Falsch (Jedem von uns ist ein Maß gegeben worden, wir müssen es nur entfachen!)

Kapitel 11

Test

1. Richtig
2. Errettung, Heilung, in ihm wohnen, Einsicht, Kraft, Freude, Autorität, Gottes Stimme hören, Frucht des Geistes, Intimität
3. Physischen
4. Wahrheit
5. Falsch. (Es gehört dem Heiligen Geist, und wir müssen uns als Erstes ihm unterstellen, um ein Maximum an Kraft und Effektivität zu erlangen.)
6. Falsch. (Ohne Glauben werden sich die Türen nicht öffnen – es sei denn, Gott öffnet sie souverän.)

Kapitel 12

Test

1. Richtig
2. Prophetie

3. Meine Vorstellungskraft
4. Richtig.
5. In der physischen Dimension
6. Durch biblische Meditation können wir unsere Vorstellungskraft trainieren, dass sie auf die gerechten Dinge des Geistes ausgerichtet ist.
7. Richtig
8. Richtig
9. Wenn wir nicht nahe an Christus sind, wenn wir ihm nicht nachjagen und Zeit in seiner Gegenwart, im Wort, im Gebet usw. verbringen.
10. Falsch

Kapitel 13

Test

1. Realität
2. Richtig
3. Falsch. (Nur das, was im Heiligen Geist ist, ist geistliche Realität.)
4. Anbetung in der Stiftshütte Davids. Er würde das Zelt Davids wieder aufrichten.
5. Falsch
6. Jesus – da wir durch den Sohn in der Kraft des Heiligen Geistes mit dem Vater in Beziehung treten.
7. a) geistlich
8. Falsch, da wir ihn im Geist und in der Wahrheit anbeten müssen (Joh 4,23-24).

Kapitel 14

Test

1. Falsch, denn manchmal gibt Gott uns Offenbarungen, die nur für unsere Ohren gedacht sind.
2. Es kann umgedreht und gegen uns verwandt werden.
3. Wir werden so schwach wie jeder andere und geben dem Feind dadurch einen Vorteil.
4. So ziemlich alle seine Segnungen.
5. Richtig
6. ... was er für sich behalten kann, bis er stirbt.
7. Bewahren
8. Liebe
9. Sünden

Kapitel 15

Test

1. Falsch. (Manchmal, aber nicht immer.)
2. Richtig
3. Färben/beeinflussen
4. Willen (vgl. 2 Petr 1,20-21)

Kapitel 16/17

Test

1. Identität, Autorität, Triumph
2. Vom Sieg ausgehend
3. Sieg ist das Gewinnen, Triumph ist die Feier über den Sieg.
4. Die Umsetzung des Sieges Jesu vollziehen und vorantreiben
5. Satan
6. a) Macht, b) Autorität

7. Wir lassen dann zu, dass wir auf die Stimme des Teufels hören und mit seinen Lügen in Übereinstimmung kommen. Wir geraten in eine Position der Niederlage.
8. Richtig
9. Empfangen haben
10. Offenbarung
11. b)

Abschluss

Test

1. Die Liebe Gottes
2. Die Gabe, Wunder zu wirken
3. Heilungen, übernatürliche Wunder, Manifestationen von Gottes Herrlichkeit
4. Fortzuschreiten
5. c)